Questo libro appartiene:

Che tutti i tuoi desideri si avverino

Che tutti i tuoi desideri si avverino

Amore regge senza legge !

Amore regge senza legge !

Che tutti i tuoi desideri si avverino

Che tutti i tuoi desideri si avverino

Amore regge senza legge !

Amore regge senza legge !

Che tutti i tuoi desideri si avverino

Che tutti i tuoi desideri si avverino

Amore regge senza legge !

Amore regge senza legge !

Che tutti i tuoi desideri si avverino

Che tutti i tuoi desideri si avverino

Amore regge senza legge !

Amore regge senza legge !

Che tutti i tuoi desideri si avverino

Che tutti i tuoi desideri si avverino

Amore regge senza legge !

Amore regge senza legge !

Che tutti i tuoi desideri si avverino

Che tutti i tuoi desideri si avverino

Amore regge senza legge !

Amore regge senza legge !

Che tutti i tuoi desideri si avverino

Che tutti i tuoi desideri si avverino

Amore regge senza legge !

Amore regge senza legge !

Che tutti i tuoi desideri si avverino

Che tutti i tuoi desideri si avverino

Amore regge senza legge !

Amore regge senza legge !

Che tutti i tuoi desideri si avverino

Che tutti i tuoi desideri si avverino

Amore regge senza legge !

Amore regge senza legge !

Che tutti i tuoi desideri si avverino

Che tutti i tuoi desideri si avverino

Amore regge senza legge !

Amore regge senza legge !

Che tutti i tuoi desideri si avverino

Che tutti i tuoi desideri si avverino

Amore regge senza legge !

Amore regge senza legge !

Che tutti i tuoi desideri si avverino

Che tutti i tuoi desideri si avverino

Amore regge senza legge !

Amore regge senza legge !

www.ingramcontent.com/pod-product-compliance
Lightning Source LLC
Chambersburg PA
CBHW042026200526
45172CB00028B/1122